AF596741

PLAIDOYER

DE Me ISAMBERT,

POUR GILLES ET PEUBRET,

CONTRE L'ABBÉ LEFEBVRE,

CURÉ DE CARVILLE,

PRÉVENU D'OUTRAGES A LA PUDEUR.

COUR DE CASSATION. SECTION CRIMINELLE. Audience du 6 août 1825.

MESSIEURS,

Si les faits sur lesquels les plaignans ont appuyé leur action, contre M. le curé de Carville, avaient été déclarés faux ou seulement non prouvés; s'ils n'avaient pas tous été justifiés par l'enquête; s'ils n'avaient pas été aggravés par de nombreux témoignages; si les juges de première instance et d'appel ne leur avaient donné une sanction nouvelle par les motifs nouveaux qu'ils ont adoptés pour les innocenter, le recours en cassation ne présenterait aucun intérêt pour les amis de la justice; il n'eût pas été fait; car on ne peut invoquer votre autorité que quand la majesté des lois a été outragée.

Mais la Cour de Rouen, en faisant du procès une question de droit, nous oblige de rentrer dans la carrière.

Nous aurions été les premiers à applaudir au triomphe du curé *Lefebvre*, si son innocence avait été proclamée, autrement que par l'absence supposée d'une disposition pénale applicable, si pour innocenter les faits, on n'avait eu recours à des considérations particulières, puisées non dans la loi, mais dans des circonstances étrangères, telles que le caractère public, et un certain zèle ardent de cet ecclésiastique.

Mais la justice n'est pas satisfaite, nous le disons hautement, par l'arrêt de la Cour royale de Rouen; et ceux qui s'en contentent, ou ils oublient les faits graves qu'il renferme et ceux que le jugement de première instance révèle, qui subsisteront éternellement dans nos archives judiciaires, ou ils n'ont pas réfléchi suffisamment sur les intérêts de la société, et sur ceux de la loi.

S'il résulte en effet des faits articulés des outrages à la pudeur, il sera toujours regrettable que la disposition pénale n'ait pas été appliquée; car la sécurité de la société et des mœurs repose sur l'observation des lois.

Que devant les juges de ressort, l'accusation se soit anéantie par son énormité même, cela est possible; mais la faute n'en est pas à ceux qui avaient été assez réservés pour ne pas la qualifier; elle est tout entière à ceux dont l'imagination allant bien au delà de la plainte, n'ont pas vu moins qu'un crime dans une simple poursuite correctionnelle.

On semble trouver mauvais que les plaignans se soient pourvus en cassation; mais indépendamment de l'intérêt qu'ils ont à ne pas accepter la qualité de calomniateurs, n'est-ce donc rien que de provoquer sur des débats qui divisent les esprits, au dire même des défenseurs du curé, une décision définitive, dont on puisse au moins tirer une leçon pour l'avenir ? N'est-ce donc rien que d'apprendre, si ce que tant d'hommes de bonne foi ont regardé comme outrageant pour la pudeur et pour les mœurs, est réellement exempt de tout reproche légal; en un mot, si c'est l'opinion publique fortement prononcée dans cette affaire, ou si ce ne sont pas les amis de M. le curé *Lefebvre* qui se trompent, en croyant à l'innocence absolue de cet ecclésiastique ?

Quant à nous, obligés de nous livrer à une discussion délicate, qui intéresse d'aussi près les mœurs et le sacerdoce, nous nous montrerons plus sévères que de coutume dans le choix de nos argumens : nous croyons même servir notre cause en écartant autant que possible les détails pénibles et humilians qui ressortent des enquêtes en première instance et en appel.

La chasteté de nos paroles fera oublier, nous l'espérons, qu'il s'agit ici d'une de ces causes pour lesquelles la loi fondamentale de l'Etat a permis de déroger au grand principe de la publicité des débats.

PREMIER MOYEN DE CASSATION.

Violation de l'art. 190 du Code d'instruction criminelle, et de l'art. 64 de la Charte.

Toutefois, notre premier moyen de cassation est

puisé dans une extension donnée à l'exception, et dans une atteinte évidente à la loi fondamentale.

Que dit, en effet, la Charte? elle dit que « les dé-« bats sont publics en matière criminelle, à moins « que cette publicité ne soit dangereuse pour l'ordre « et les mœurs. »

L'exception est donc limitée *aux débats*, et de plus à cette partie des débats qui peut intéresser l'ordre et les mœurs.

Si les débats peuvent être secrets, les jugemens doivent toujours être publics, parce que les jugemens vengent les mœurs et assurent l'ordre, et parce qu'ils sont un enseignement précieux pour le peuple. La jurisprudence a même admis comme point de doctrine incontestable, dans les affaires soumises au jury, que le résumé du président doit être fait en public, à peine de nullité, parce qu'il est extrinsèque aux débats.

Ici la question est de savoir, si les préliminaires de la cause font ou non partie des débats? les premiers juges se sont prononcés pour la négative, et la Cour de Rouen pour l'affirmative; je m'explique.

En première instance, l'audience est publique; la cause *Gilles* et *Peubret* contre l'abbé *Lefebvre* est appelée; l'avoué des parties plaignantes fait l'exposé de l'affaire; le greffier donne lecture des deux citations; l'avoué du curé prend ses conclusions; l'avoué des plaignans réplique; le tribunal joint les deux causes, et c'est après le règlement de l'audience que M. le Procureur du Roi se lève pour requérir que les débats aient lieu à huis clos.

Ici la loi a été observée : on a concilié l'intérêt public avec l'intérêt des plaignans, on n'a pas substitué l'exception au principe. Qui oserait dire que l'ordre et les mœurs ont eu à souffrir de ce que ces préliminaires ont eu lieu en public?

Au contraire, devant la Cour de Rouen, aussitôt que les noms des parties sont appelés, avant même qu'on ait démandé au prévenu ses nom et prénoms, le ministère public requiert que la salle soit évacuée.

Je soutiens, Messieurs, qu'ici la Charte est violée, parce que les *débats* ne sont pas encore commencés, parce qu'on ne sait pas même encore de quoi il s'agit.

Pour vous faire sentir tout ce qu'a d'irrégulier le procédé de la cour de Rouen, il suffira de rappeler ce qui s'est passé avant l'ouverture des débats.

L'avoué des plaignans fournit sa liste de témoins; il demande qu'il soient entendus.

Le défenseur du prévenu s'oppose à cette audition; on lui réplique ; le ministère public conclut : la Cour rend un arrêt.

Ce premier arrêt pouvait-il être prononcé à huis clos? L'ordre et les mœurs pouvaient-ils être intéressés dans cette discussion? Evidemment non.

Après cet incident, le prévenu dépose à son tour sa liste de témoins; on ne conteste pas leur audition;

la Cour l'ordonne : voici un second incident de même nature que le premier.

Evidemment ce ne sont pas encore là les *débats ;* conséquemment le principe général de publicité établi par la Charte et par toutes les lois précédentes est violé formellement.

Il semble que la Cour de Rouen avait, comme malgré elle, le sentiment de cette violation, puisqu'elle dit, après avoir délibéré sur les incidens : *La Cour a, par l'organe de son président, prononcé à haute voix l'arrêt suivant.*

Qu'est-ce à dire à haute voix?

Cet arrêt devait être prononcé publiquement, *coram populo,* et c'est sans doute ce que voulaient exprimer ces mots; *A haute voix :* où ils ne sont qu'une dérision.

Mais ce n'est pas tout; la citation est évidemment un acte extrinsèque aux débats, puisque sans elle la Cour n'eût pas été saisie.

La Cour a senti qu'avant d'entamer les *débats,* il fallait en donner lecture.

Cette lecture devait avoir lieu, comme en première instance, en présence de l'auditoire. Qu'est-il arrivé? La Cour a cru devoir se faire un auditoire à elle ; *ad hoc* elle a fait appeler tous les témoins, et c'est en présence de ce public que M. le conseiller rapporteur a fait cette lecture ; ensuite on a fait retirer ce public fictif, et on a procédé séparément à l'audition de chaque témoin.

La question de droit est donc de savoir, si l'exception introduite par l'art. 64 de la Charte au principe général de la publicité, et limitée par elle aux *débats*, peut être étendue à l'action elle-même ; si cette action peut être étouffée au point que la société, intéressée à connaître toute demande portée devant la justice, ignore sur quoi la justice va prononcer.

Qu'un citoyen soit mis en accusation devant un jury, pour attentat aux mœurs, pourra-t-on, aussitôt qu'il est introduit, aussitôt que le peuple est averti qu'un homme va être jugé, ordonner le secret de la procédure, avant que l'on sache de quoi il est accusé ; avant qu'on lui ait demandé son nom, son âge, sa profession; avant que la présence de son défenseur ait été constatée ; avant que celui-ci ait prêté le serment exigé par la loi ; avant que les jurés aient eux-mêmes prêté ce serment redoutable de ne point trahir les intérêts de l'accusé ni ceux de la société ; avant que l'on ait fait lecture de l'arrêt de renvoi qui saisit la Cour d'assises, et de l'acte d'accusation qui en expose l'objet ; avant enfin que l'on connaisse quels témoins vont être produits contre lui?

Messieurs, si vous pensez que tout cela ou une partie de ces préliminaires peut avoir lieu en secret, je n'ai plus rien à dire ; mon moyen n'est pas fondé : mais si vous pensez que l'intérêt de la justice doive l'emporter sur de fausses délicatesses ; si vous pensez, avec l'auteur de la Charte, qu'il n'y a réellement que les *débats* eux-mêmes, que cette partie de la discussion où les témoins sont entendus et confrontés, qui puissent blesser les mœurs et l'ordre public, notre premier moyen de cassation est infaillible. La citation des sieurs *Gilles* et *Peubret* était l'acte qui saisissait la Cour.

Avant d'ordonner au public de se retirer, la Cour devait savoir et le public apprendre de quoi il s'agissait; elle ne pouvait en être instruite que par la lecture, soit du jugement de première instance, soit des citations.

L'article 190 du Code criminel porte :

« *L'instruction sera publique à peine de nullité.* »

Si, malgré ses termes, en apparence limités aux débats *criminels*, la Charte a permis de déroger à ce principe essentiel d'ordre public à l'égard même des débats *correctionnels*, il est impossible d'en étendre les dispositions sans faire prévaloir l'exception sur le principe lui-même. La loi irait contre le but qu'on s'est proposé. Veut-on une preuve du danger d'une clandestinité absolue? Nous la trouvons dans un écrit publié dans l'intérêt de M. l'abbé *Lefebvre*. Nous le citons avec plaisir, parce que, sous ce rapport du moins, il est aussi bien pensé que bien écrit.

Lors du jugement de l'affaire du curé de Carville, il y a eu des rassemblemens aux portes du tribunal; on poursuivait de vociférations un homme qu'on n'avait pas encore le droit de traiter en coupable. Cet acharnement s'est trompé d'objet, et il a reporté sur un ecclésiastique, témoin dans l'affaire, les marques d'improbation destinées à l'accusé.

« Cette méprise, dit l'auteur, a donné lieu au

« petit dialogue suivant, qui ne sera peut-être pas « sans quelque utilité morale pour ce peuple qu'il « importe si fort aux vrais amis de la liberté de « ramener de ses moindres erreurs, et de guider « dans les voies de la raison et de la justice.

« — Brave homme, qui n'as pas couru si vite que « tes confrères, et qu'un rhume empêche de crier « aussi fort, qu'a-t-il fait ce prêtre après lequel on « se précipite?

« — Ce qu'il a fait? un crime horrible!...

« — Ami, tu n'as pas encore le droit de le dire, « il n'en est qu'accusé. Es-tu témoin contre lui? « As-tu acquis dans les débats la conviction person- « nelle du crime qu'on lui impute?

« — Ils le jugent en secret.

« — L'opinion que tu t'es formée, la tiens-tu « au moins d'un homme digne d'éclairer la tienne? « Tu ne réponds pas?..... Pourquoi courais-tu « donc?

« — C'est un infâme scélérat.

« — Prends garde au flot qui nous presse. Je « crois qu'il va passer près de nous, ce scélérat: « on le serre de près; il s'échappe de notre côté. « Entends-tu ces cris? Nous l'allons voir paraître. « Bien: suis le mouvement de ton cœur; livrons- « lui passage, il est seul contre tous!

« — Le voilà, le voilà! Oh! l'abominable « homme! la vilaine figure!

« — De quel homme parles-tu, ami? Prends-y « garde, la prévention est aveugle. Ce prêtre qui

« vient de passer, et qu'on poursuit, ce n'est pas « l'accusé, c'est un témoin. »

Que prouve cette méprise ? Que le peuple n'était pas instruit de la nature de l'action ; il pensait qu'il s'agissait d'un crime horrible, tandis qu'il n'était question que d'une action correctionnelle.

On gagne donc plus à éclairer le peuple qu'à lui cacher la vérité. La publicité, garantie par la Charte, doit donc être respectée, même dans l'intérêt de l'ordre public.

DEUXIEME MOYEN DE CASSATION.

Violation de l'art. 330 *du Code pénal.*

On ne manquera pas de soutenir devant vous que les faits sont restés dans le domaine des juges de ressort; qu'il ne vous appartient pas de les apprécier à votre tour, et de leur donner une qualification criminelle. Pour détruire toute possibilité d'argumentation à cet égard, et, pour répondre aux observations de M. le conseiller rapporteur, je vais donner lecture d'un arrêt bien remarquable que la Cour a rendu le 26 mars 1813; il s'agissait d'un fait grave, commis dans l'obscurité de la nuit, et constaté par un agent de police, conséquemment sans publicité réelle. Les juges de première instance et d'appel avaient renvoyé les prévenus de la plainte; vous avez cassé ce jugement par les motifs suivans :

« Attendu que *Corneil Smith* et *Bernardine de Haan* étaient « poursuivis en police correctionnelle, comme prévenus d'un

« outrage public à la pudeur et pour être conséquemment condam-
« nés à la peine portée contre ce délit, par l'art. 330 ci-dessus
« cité; que le tribunal de première instance de l'arrondissement
« d'Arnheim (Issel-Supérieur), saisi de cette poursuite par
« l'appel émis par le procureur impérial, du jugement rendu en
« premier ressort par le tribunal de l'arrondissement de Zutphen,
« chambre correctionnelle, a reconnu constant le fait de la pré-
« vention; qu'il a néanmoins relaxé les prévenus des poursuites
« du ministère public par le motif qu'il n'était pas constaté que
« le fait commis par les appelés pût être regardé comme un ou-
« trage public à la pudeur, et confirmé le jugement de première
« instance qui avait rejeté la demande du ministère public par
« le motif que le fait dont il est question n'était pas punissable
« par les lois, et qu'ayant été commis la nuit, la pudeur n'avait
« pas été violée.

« Attendu qu'en relaxant ainsi les prévenus de l'action intentée
« contre eux, le tribunal d'Arnheim a violé ledit art. 330, et dans
« ses motifs et dans l'acquittement qui en a été la conséquence;
« qu'en effet, les outrages à la pudeur, prévus et punis par l'art.
« 330, sont ceux qui n'ayant pas été accompagnés de violence ou
« de contrainte n'ont pu blesser la pudeur de la personne sur la-
« quelle des actes déshonnêtes peuvent avoir été exercés, qui ont
« ainsi pu n'offenser que les bonnes mœurs, mais qui, par leur
« licence et leur publicité ont dû être l'occasion d'un scandale
« public pour l'honnêteté et la pudeur de ceux qui fortuitement
« ont pu en être les témoins.

« Que ce genre de délit, qui est moins fondé, ainsi que l'a dit
« l'orateur du Gouvernement, sur la méchanceté que sur le mépris
« ou l'oubli de soi-même, n'est puni, par l'art. 330 cité, que des
« peines correctionnelles, tandis que les outrages faits à la pudeur
« privée, exercés sans consentement et avec violence, sont punis
« de peines plus sévères par les art. 331 et suivans, qui les qua-
« lifient d'attentats à la pudeur.

« Que le consentement même que pourrait avoir donné *Ber-
« nardine de Haan* avec laquelle *Corneil Smith* avait été surpris
« outrageant la pudeur et l'honnêteté publique dans une rue, ne
« pouvait les soustraire à l'application de l'art. 330 et des peines
« qu'il prononce.

« Que la circonstance que cet acte déhonté de licence avait eu « lieu la nuit n'en détruirait pas la publicité, puisque le passage « et la circulation dans les rues sont de droit et souvent d'usage la « nuit comme le jour.

« Par ces motifs, la Cour faisant droit sur le pourvoi du pro- « cureur impérial, près le tribunal de l'arrondissement d'Ar- « nheim, casse, etc. »

Je prie la Cour de remarquer quelle est l'importance de cette décision; elle consacre tout à la fois le principe de votre compétence, la définition de l'outrage à la pudeur, et comment on doit entendre la publicité.

C'est cet arrêt qui va nous servir de fanal dans cette discussion. Ni le jugement de première instance, ni celui de la Cour de Rouen, ne disent que les faits articulés ou ceux dont on a déposé sont faux ou ne sont pas prouvés : tous deux disent *que ces faits, tels qu'ils sont caractérisés dans la plainte, ne constituent ni crime ni délit*. C'est donc bien d'une question de droit qu'il s'agit : pour la résoudre, il faut admettre comme constans les faits articulés dans les citations, et ceux constatés par le jugement et par l'arrêt.

Car s'ils ne l'étaient pas, la Cour de Rouen se serait bornée à dire *que les faits n'étaient pas prouvés*.

Cette sentence était nécessaire à la justification entière du curé de Carville, et elle fermait la bouche à la médisance, ou à ce que les amis de M. le curé appellent aujourd'hui si hardiment de la calomnie.

Or, dans la citation du sieur *Gilles*, du 21 avril, on imputait au sieur abbé *Lefebvre* « d'avoir, au « mois de décembre, en présence de plusieurs au- « tres personnes, passé à plusieurs reprises ses mains « sur les joues d'*André Gilles* fils, âgé de 17 ans « et demi; de l'avoir passée ensuite sur sa poitrine, « de lui avoir tiré le p... des aisselles en dessous de « son habit; de s'être rapproché de cet enfant tan- « dis qu'il s'éloignait; de l'avoir tenu par dessous « le bras; de s'être livré à d'autres attouchemens « plus ou moins répréhensibles, envers d'autres « jeunes gens; d'avoir embrassé *Antoine Poirot*, « aux offres de prouver lesdits faits. »

Dans la plainte de *Peubret*, il est articulé que le sieur abbé *Lefebvre* « a pris indécemment à bras le « corps le fils du plaignant, âgé de 20 ans, et a frappé « à plusieurs reprises de légers coups sur *le d*....... On répète les faits particuliers au jeune *Gilles*; on dit, à l'égard d'*Antoine Poirot*, « que le sieur abbé « *Lefebvre*, après avoir rapproché sa chaise de la « sienne, avait passé une main autour du corps, « comme pour l'embrasser, tandis que, de l'autre, « il lui aurait palpé l'estomac et la poitrine en des- « sous de la chemise, et l'aurait ensuite pris par « les favoris; puis, au moment du départ, aurait « passé le bras autour du cou, et l'aurait em- « brassé. »

Dans le jugement de première instance, on lit ces propres paroles: « Qu'il résulte des dépositions « que le sieur *Lefebvre* a pris les mains aux uns,

« les bras à d'autres ; qu'il les a pressés; porté sa « main sur leur poitrine, sur leurs genoux, sur « leurs cuisses, sur leur visage. »

Supposons maintenant qu'au lieu de porter la main à l'extérieur de la poitrine, comme le dit le jugement, il l'ait portée sous la peau et sous les aisselles, ainsi que l'articulaient les plaignans; qu'au lieu de se borner à promener ses mains sur les cuisses, il les ait portées ailleurs, ainsi qu'en ont déposé, le premier témoin en première instance, *René Jacquemart;* le sixième témoin, *Félix Beaudouin;* le septième, *Charles-André Lemarchand;* le huitième, *Amable Vincent;* le neuvième, *Augustin Dumouchel;* le dixième, *Victor Blondel;* ne faudra-t-il pas convenir que, par l'endroit seul où les attouchemens ont eu lieu, il y a eu outrage évident à la pudeur?

Les témoignages qu'on rend d'ailleurs du curé de Carville, ne peuvent pas faire que ces témoignages n'existent pas; ils sont consignés dans un acte authentique, dans un jugement. Il fallait, s'il était possible, pour son honneur, les déclarer faux; autrement, je ne crois pas que l'homme le moins timoré puisse hésiter à ranger ces faits parmi les outrages à la pudeur. M. le procureur du Roi a dit lui-même que, si le cœur du curé de Carville était innocent, on n'en pouvait dire autant de ses gestes et de ses mains.

Maintenant, qu'est-il arrivé sur l'appel? ces témoignages ont-ils été détruits par des dépositions directes et contraires? La Cour royale semble le dire, et nous aimerions à pouvoir répéter avec elle qu'ils ne subsistent plus; mais voici comment elle s'exprime à ce sujet :

« Considérant que les faits *graves* rapportés par « quelques-uns des nombreux témoins à charge, se « repoussent d'eux-mêmes par leur invraisemblance;

« Que ces témoignages sont détruits par les nom-« breux témoignages qui démontrent que M. l'abbé « *Lefebvre* s'est constamment fait remarquer et par « la pureté de ses mœurs et par ce zèle ardent qui « paraît seul avoir donné naissance au procès. »

Eh bien! je dis qu'il résulte de ces expressions mêmes, de leur sens clair et évident, que les témoignages à charge ne sont pas détruits, parce qu'on a substitué une excuse ou une présomption morale à une déposition directe; et que cent mille dépositions indirectes ne peuvent pas détruire un fait attesté par deux ou un plus grand nombre de témoins dignes de foi.

Ces faits *graves*, dont parle la Cour royale, subsistent donc encore; ou du moins ils ne sont pas purgés.

Ici, Messieurs, je dois rendre hommage à la loyauté des magistrats de Rouen, tant en première instance qu'en appel; quelques efforts qu'ils aient faits sur eux-mêmes pour secouer le poids des témoignages, ils n'ont pas dissimulé que ces témoignages existaient; ils n'ont pas voulu déclarer les faits faux; ils se sont retranchés, d'un côté, sur une question de droit, d'autre côté, sur une question d'intention de la part du sieur abbé *Lefebvre*.

La Cour de Rouen, en son particulier, non seulement était ébranlée par les témoignages nombreux produits en première instance; mais d'après le procès-verbal tenu par le greffier des dépositions faites devant elle-même, le 24 juin, ces faits, auxquels elle n'a pu refuser la qualification de *graves* se trouvaient confirmés. Les premier, septième et huitième témoins (*Hédoin* et *Demay*) déposèrent que le curé avait déboutonné leur gillet, passé la main sur leur poitrine et les avait embrassés; le sieur *Bernard*, deuxième témoin, et *Delamarre*, ont déclaré que l'abbé *Lefebvre* avait porté sa main à un endroit que la pudeur défend de nommer.

Tous ces actes, Messieurs, constituent, à mon avis, un outrage à la pudeur. Que les magistrats de Rouen aient reculé devant l'application de l'art. 334 du Code pénal, je le conçois.

« Quiconque, dit cet article, aura attenté aux « mœurs, en excitant, favorisant ou facilitant habi- « tuellement la débauche ou la corruption de la jeu- « nesse de l'un ou de l'autre sexe, au dessous de « l'âge de 21 ans, sera puni d'un emprisonnement « de six mois à deux ans, et d'une amende de 50 « à 500 francs.

« Si la prostitution ou la corruption a été excitée, « favorisée ou facilitée par leurs pères et mères, « tuteurs ou autres personnes chargées de leur sur- « veillance, la peine sera de deux ans à cinq ans

« d'emprisonnement, et de 300 francs à 1000 francs « d'amende. »

Sans doute, Messieurs, les pasteurs, comme surveillans des mœurs de leurs paroissiens, et surtout de la jeunesse, puisqu'ils ont droit de la reprendre, seraient compris dans la deuxième disposition de cet article ; ils n'échapperaient donc pas à l'aggravation de peine prononcée par cet article.

Mais il ne s'agit, dans la première comme dans la deuxième partie de cet article, de rien moins que de *prostitution* et de *corruption*, et j'avoue que je partage sur ce point les scrupules des tribunaux de Rouen.

Quelque répréhensibles que soient les habitudes du curé de Carville, cet article n'était pas applicable, peut-être; car, grâce à Dieu, les enfans sur la personne desquels il a exercé ses attouchemens n'ont point été corrompus, ils ne se sont livrés à aucune débauche, et, d'un autre côté, il n'y a point eu violence de sa part.

A la vérité, cet article prévoit aussi la simple excitation (*); et on peut dire que des attouchemens produisent jusqu'à un certain point cet effet; mais nous croyons, vu la sévérité de la loi pénale, qu'il faut que cette excitation ait été suivie d'effets, qu'elle ait

(*) La tentation, dit *Origène*, tome II, p. 314, suppose deux parties, l'une qui attaque, l'autre qui conteste; et où il n'y a pas de résistance, il n'y a point, à proprement parler, de tentation.

produit la débauche ou la corruption : sans quoi, ce n'est plus qu'un simple outrage à la pudeur.

Dans leurs citations, les sieurs *Gilles* et *Peubret* s'étaient bornés à signaler les faits, sans dire quelle loi avait été blessée par le sieur abbé *Lefebvre;* ils n'en avaient pas le droit, puisqu'ils ne sont pas chargés de la vindicte publique; c'était au ministère public et aux magistrats à le rechercher.

Au lieu de cela, qu'ont fait les juges saisis de l'action? ils ont cherché une apologie; et c'est sous ce rapport que l'arrêt dénoncé mérite toute votre censure. Cet arrêt s'approprie, en l'abrégeant, toute la partie apologétique de la décision des premiers juges.

« Attendu, disent ceux-ci, que les faits articulés par « les nommés *Gilles* et *Peubret* ne caractérisent ni « crime ni délit. »

Si cela est vrai en droit, il fallait en rester là ; la justice était satisfaite, car la loi ne demande pas aux magistrats de punir des faits innocens ; au contraire elle le leur interdit formellement.

Pourquoi ajouter « que le zèle du sieur *Lefebvre* pour la religion, la sévérité, le rigorisme de ses principes, la pureté de ses mœurs, son esprit de charité, sa bonne conduite, sont attestés par plus de quarante témoins presque tous fonctionnaires. »

Quand tout cela serait vrai, en résulterait-il que le sieur abbé *Lefebvre* ne se soit pas rendu coupable des faits articulés et de ceux dont les nombreux témoins ont déposé?

« L'argument tiré de l'improbable, dit *Bentham* « (Traité des preuves judiciaires, liv. VIII, chap. 8, « p. 207), par rapport au fait dont l'existence est « affirmée, revient à celui du contre-témoignage, « et n'est qu'une preuve circonstancielle.

« Cette masse de témoignages présumés peut s'ap- « peler contre-témoignage général, et cette dénomi- « nation les distingue clairement du contre-témoi- « gnage spécial. »

Dans l'opinion de ce profond jurisconsulte, il faut à ces témoignages divers opposer un contre-témoignage direct.

On ne peut rejeter des faits appuyés sur des témoignages directs par le seul argument de l'improbabilité. (*Ibidem*, liv. VIII, chap. 1er, p. 167.)

De ce qu'un fait ne s'accorde pas avec les antécédans d'un particulier, ou avec son caractère public, il n'en résulte pas que le fait soit faux ; or, le tribunal n'était saisi que de ces questions ; les faits sont-ils prouvés?

« Attendu, poursuit le tribunal, que d'après une « aussi grande masse de témoignages de personnes « dignes de foi, et propres à inspirer la confiance, « tant à raison de leurs fonctions que de leurs prin- « cipes et du genre d'éducation qu'elles ont reçues, « il est impossible de supposer que le sieur *Lefebvre* « ait jamais eu la pensée de se livrer au vice hon- « teux que lui imputent les nommés *Gilles* et *Peu-* « *bret,* ni d'exciter qui que ce soit à le commettre. »

Ce vice que le tribunal ne nomme pas, et que

nos anciennes lois punissaient de la peine du feu (*), les plaignans ne l'ont point imputé au sieur abbé *Lefebvre;* ils ont signalé des outrages à la pudeur, une habitude qui allait jusqu'au scandale, et voilà tout.

Leur plainte est modérée dans ses termes, et beaucoup plus réservée dans ses qualifications que le jugement lui-même ; et cependant les plaignans son des pères de famille qui se croyaient offensés dans cet que l'homme a de plus cher, dans la pudeur de leurs enfans.

« Attendu, continue le jugement, que si des dé-« positions de quelques témoins à charge, il résulte « que le sieur *Lefebvre* ait pris les mains aux uns, « les bras à d'autres; qu'il les a pressés; porté la « main sur leur poitrine, sur leurs genoux, sur leurs « cuisses, sur leur visage, on ne peut raisonnable-« ment en induire que ces attouchemens aient eu « pour but *d'attenter aux mœurs, ni d'exciter à la « débauche et à la corruption*, mais bien comme l'a « déclaré le sieur *Lefebvre*, dans son interrogatoire, « de faire passer dans l'âme de ceux avec lesquels « il a agi de cette manière, les sentimens religieux « dont il était animé, ce qui ne peut être douteux, « puisque ces témoins disent eux-mêmes qu'en même « temps que le sieur *Lefebvre* se conduisait ainsi, il « priait avec eux et les exhortait (**), il les engageait

---

(*) Ancien Code pénal, titre XXXIII, p. 237—238, in-12. Concile de Latran, an 1179.

(**) Un témoin, le sieur *Lemarchand*, a déposé de paroles aussi

« à aller à la messe, aux offices divins; à ne pas tra-« vailler les dimanches, à se confesser, et à remplir « leurs devoirs de chrétiens. »

D'abord, il est évident, Messieurs, que le tribunal s'est mépris; il parle d'attentat aux mœurs, de provocation à la débauche et à la corruption, et il ne s'agissait, il ne devait s'agir que d'un outrage à la pudeur.... Or, ainsi que l'ont jugé vos arrêts, dans ce cas, il faut examiner non pas si celui qui a commis cet outrage a voulu nuire à autrui, mais seulement s'il ne s'est pas oublié lui-même, et s'il n'a pas donné lieu au scandale; ce qui suffit pour rendre l'art. 330 applicable. Cette définition, Messieurs, est essentielle, et je suis heureux de la trouver dans vos arrêts; elle fait tomber d'avance tous ces raisonnemens qu'on a faits pour innocenter ce qui en soi était un outrage à la pudeur (*).

---

indécentes que les gestes. Un autre témoin, le sieur *Amable Vincent*, a déposé d'expressions fort équivoques, relatives à une exhortation de se convertir.

(*) Il existe des exemples scandaleux d'une incontinence mystique. M. *Aignan* a publié un rapport fait par le général des Camaldules, au 1432, qui parle de débordemens effroyables dans cet ordre. *Voyez*, tome 1, p. 101-128. *Voyez aussi* la fameuse Homélie de saint *Jean-Chrysostôme*, au sujet des vierges qui ont des ecclésiastiques dans leurs maisons. *Voyez également* la Lettre du pape Innocent, en 405, *de Incontinentiâ sacerdotum et levitarum*.

Les notes de dom Bessin, dans ses *Concilia Normanniæ*, et les dispositions réitérées de ces conciles, attestent les incorrigibles débordemens des prêtres de Normandie. Quelques années avant la révolution, le directeur d'un couvent de femmes, à Notre-

Qu'en se livrant à ces attouchemens, le sieur abbé *Lefebvre* ait prié et exhorté ; peu importe.

On sait qu'une dévotion exaltée n'est pas quelquefois sans s'allier avec des habitudes et des actions contraires à la pudeur.

Je repousse d'ailleurs, au nom du sacerdoce, l'excuse que le tribunal a trouvée dans le caractère et dans les devoirs qui étaient imposés au curé de Carville.

Ceux qui ont l'honneur d'être revêtus du caractère sacré de prêtre, ceux surtout qui, comme le

---

Dame de Boudeville, plus que sexagénaire, était parvenu à persuader aux nonnes de se montrer sans aucun voile à ses yeux ; et voici en abrégé l'argument mystique dont il se servait : « Ce n'est que depuis leur péché qu'Adam et Eve se voilèrent. Mais vous, mes sœurs, comme vous avez su recouvrer par vos mérites la pureté originelle de nos premiers parens, vous pouvez vous montrer dans l'état de nature, surtout dans nos exercices de piété, où nous sommes seuls en présence de Dieu. La nudité de vos corps est l'emblême du dépouillement de vos âmes de toute vanité humaine..... » Le bruit de ces *exercices de piété* ayant transpiré au dehors, on informa judiciairement contre le prêtre. La révolution a mis fin à la procédure, dont le dossier doit être aux archives du département de la Seine-Inférieure. Aux souvenirs du passé, il faut joindre, pour le temps présent, la fameuse note du fameux mandement. « N. B. *Sacerdoti conscio cujuscumque tactûs impudici adimitur ipso facto omnimodo facultas audiendi unquàm confessionem ejus* CUM QUO *aut cum quâ crimen admisit*, IPSUM *aut ipsam absolvendi sub quovis prætextu, etiam tempore jubilæi.* » On voit, à cette recommandation, que Monseigneur lui-même ne reconnaît pas, à l'égard des ecclésiastiques de son diocèse, ces invraisemblances morales qui ont paralysé devant la Cour de Rouen l'effet des témoignages les plus graves et les plus précis.

curé de Carville, remplissent des fonctions redoutables aux anges même, ceux-là ont des devoirs plus étroits que les autres chrétiens à remplir; ils font un vœu particulier de chasteté; et ce qui n'est qu'une faute, une inconvenance pour un laïc, devient un crime ou du moins un délit pour les ecclesiastiques; et ce que je dis ici, Messieurs, est fondé sur l'autorité des canons, de la discipline ecclésiastique et de tous les Pères de l'Eglise.

« La chasteté, dit saint *Clément* d'Alexandrie, « p. 433, t. I, (Biblioth. des Pères de l'Eglise, par « M. l'abbé Guillon, ouvrage dédié au Roi,) ne con- « siste pas seulement à avoir le cœur pur, il faut « que l'extérieur le soit aussi; que la vie du chrétien « ne donne pas lieu au moindre reproche, pas « même au plus léger soupçon. »

« La pureté chrétienne, dit *Tertullien* (du *Jeûne*, « liv. II, p. 87, t. III, *ibid.*), seule digne de ce nom, « c'est celle qui évite non seulement ce qui est mal « en soi, mais ce qui peut être pour autrui l'occasion « du mal. »

C'est précisément, Messieurs, ce que vous avez dit par votre arrêt de 1813, c'est l'interprétation juste et sage que vous avez donnée à l'art. 330 du Code pénal, en disant qu'il s'applique aux actes qui, par leur licence et leur publicité, *ont dû être l'occasion d'un scandale public pour l'honnêteté et la pudeur de ceux qui fortuitement ont pu en être les témoins. Que ces délits sont fondés moins sur la méchanceté que sur l'oubli ou le mépris de soi-même.*

Le concile national de Tours, de l'an 461, veut, art. 1, que les prêtres, *Non solùm cordis, verùm etiam corporis puritatem servent. Qui si contaminati fuerint, quâ mente excusabunt, quo pudore usurpabunt, quâ conscientiâ, quo merito exaudiri se credent?*

Et le concile de Trente (le dernier concile général), dans la séance du 17 septembre 1562, *de Reformatione*, chap. 1, s'exprime en ces termes :

« Sic decet omninò clericos in sortem Domini versutos vitam moresque suos omnes componere, ut « habitu, gestu, incessu, sermone, aliisque omnibus « rebus, nil nisi grave, moderatum ac religione « plenum, præ se ferant.

« Levia etiam delicta, *quæ in ipsis maxima essent,* effugiant, ut eorum actiones cunctis afferant « venerationem.

« Statuit *sancta synodus*, ut quæ alias à summis « pontificibus et sacris conciliis, de clericorum vitâ, « honestate, cultu, doctrinâque retinendâ, et simùl, « *de luxu, commessationibus, choreis, aleis, lusibus,* copiosè ac salubriter sancita fuerunt, eadem « in posterum iisdem pœnis vel majoribus, arbitrio « ordinarii imponendis, observentur. »

Ainsi, la sévérité des règles ecclésiastiques interdit aux clercs et aux prêtres, des amusemens innocens, tels que les festins, le luxe, les danses, les jeux publics, même les petits jeux de société, *lusibus;* et le tribunal de Rouen a trouvé dans le caractère de prêtre une excuse suffisante pour les attouchemens dont le sieur abbé *Lefebvre* est convaincu ! quand les lois ecclésiastiques, en cela d'accord avec le 2e alinéa de l'art. 334 du Code pénal, en font une circonstance aggravante : *Levia delicta quæ in ipsis maxima essent* (*).

La Cour royale, au lieu de réformer cette erreur de doctrine, l'a confirmée et l'a excusée dans les termes suivans.

Cet arrêt considère d'une part, en droit, « Que « les faits, tels qu'ils sont énoncés dans les cita- « tions, ne constitueraient aucun délit, » et, en « fait, Que les faits graves rapportés par quelques- « uns des nombreux témoins à charge se repous- « sent d'eux-mêmes par leur invraisemblance ; « qu'ils sont d'ailleurs détruits par une foule de té- « moignages dignes de foi, qui démontrent que « l'abbé *Lefebvre* s'est constamment fait remarquer « par la pureté de ses mœurs, et par ce zèle ardent « qui paraît avoir seul donné naissance au procès. »

Si ce zèle est ardent, il n'est pas du moins selon l'esprit des Pères de l'église, de saint *Grégoire* de Nazianze, de saint *Jean Chrysostôme*, qui, dans les sublimes traités qu'ils nous ont laissés sur la dignité et les devoirs du sacerdoce, de saint *Bazile* (**), qui,

---

(*) *Peccata longè majori supplicio expiari, cum à sacerdotibus quam cum à privatis perpetrantur*, dit le traducteur latin de saint *Jean-Chrysostôme*, tome 1, p. 430 de la collection in-folio.

(**) Un chorévêque ayant donné avis à ce Père de l'Eglise qu'un prêtre nommé *Parergon*, âgé de soixante-dix ans, qui gouvernait une paroisse fort nombreuse, avait à son service une perdans son traité, *Portez attention sur vous-même*, défendent avec tant de force de se livrer à aucun acte qui puisse scandaliser les fidèles.

Qu'importe que le sieur abbé *Lefebvre* se soit fait remarquer en général par la pureté de ses mœurs et par son zèle ardent, si cette fois il a failli; si, comme le dit M. le procureur du Roi, sa main et ses gestes se sont plusieurs fois égarés.

Ce n'est pas par des témoignages généraux ou par leur invraisemblance supposée, qu'on peut détruire des faits consignés dans le jugement que vous avez sous les yeux, et confirmés, en appel, par la déposition des premier, deuxième, quatrième, sixième, septième, huitième et neuvième témoins, dont le procès-verbal est également sous vos yeux.

De ce que MM. les chanoines de la métropole de Rouen, de ce que divers juges de paix et autres fonctionnaires déclarent qu'ils croient M. l'abbé *Lefebvre* incapable des faits qu'on lui reproche; de ce que ces faits sont contre la dignité de son caractère, s'ensuit-il que ces faits n'existent pas? A Dieu ne plaise que j'attaque en rien la validité de leurs témoi-

---

sonne du sexe, contre la disposition du concile de Nicée, l'archevêque lui enjoignit de renvoyer cette fille, attendu que si son âge semblait offrir une garantie contre les dangers de cette cohabitation, il n'en restait pas moins le risque d'un scandale, qu'il fallait prévenir de la part des ennemis du nom chrétien.

Voilà pour répondre aux cinquante-cinq ans d'âge de M. l'abbé *Lefebvre*, argument dont M. *Duruflé*, dans son Mémoire, a cru pouvoir tirer un si grand parti justificatif.

gnages ! Tous, sans doute, ont été fidèles à leur serment; ils ont parlé selon leur conscience ; mais la justice ne s'arrête jamais à des certificats de moralité quand les faits d'ailleurs sont prouvés (*); et, je le ré-

(*) Qu'on examine la plus importante des dépositions faites en faveur du curé de Carville, celle de M. *Lefebvre-Duruflé*, distribuée devant la Cour; qu'y voit-on ? Un citoyen honorable qui ne peut croire au mal parce qu'il a le cœur pur. M. *Duruflé* va jusqu'à dire qu'on a calomnié l'antiquité; il ne croit pas ce que l'histoire rapporte du bataillon des amis, parce qu'ils sont morts glorieusement à Chéronée. *Xénophon* aurait-il aussi, par hasard, calomnié les principaux chefs qui se sont immortalisés dans la retraite des dix mille, en rapportant des faits qui causaient la risée de toute l'armée. M. *Duruflé* applaudit à la disposition de l'arrêt qui déclare notre action *calomnieuse*. Qu'est-ce à dire ? prétend-il que les témoins à charge qui ont déposé sous la foi du serment n'ont pas dit la vérité aussi bien que lui, ou oserait-il soutenir que les faits articulés dans les citations, et par ceux des témoins que nous venons de récapituler, ne constituent pas au moins le simple outrage à la pudeur, et ne méritaient pas une correction, quand lui-même avoue (page 6), avoir blâmé avec les autres le zèle *trop ardent?* M. *Duruflé* n'a été révolté que de l'énormité de l'accusation, et des circonstances publiques dans lesquelles on place le fait principal. Si l'abbé *Lefebvre*, dit-il, était coupable, ce ne serait pas d'immoralité qu'il faudrait l'accuser, mais de démence et de frénésie; ce ne serait pas l'âme de *Tartufe* dont il faudrait qu'il fut animé, ce serait de toutes les fureurs de *Pasiphaé*.

Mais en exagérant une accusation, il est facile de la détruire ; M. *Duruflé*, comme ce peuple, dont il signale, dans son ingénieux dialogue, l'erreur et l'entraînement, a donc vu dans les faits autre chose qu'un outrage à la pudeur ; quant à nous, nous n'avons pas parlé de crime, nous avons signalé un délit correctionnel, et voilà tout.

Que M. *Duruflé*, qui a le bonheur d'avoir été *serré dans les bras*

pète, ces faits sont prouvés, puisqu'ils ne sont pas déclarés faux, et puisque les juges d'appel, comme ceux de première instance, ne les rejettent que parce

---

de M. le curé de Carville, qui a été touché de la puissance de ses *argumens*, des mouvemens de son éloquence, de ses gestes tendres et supplians, auquel on a montré un précipice ouvert sous ses pas, ait conçu de ce pasteur une haute opinion; qu'il aille même jusqu'à se convertir; il est permis à d'autres de ne pas partager ses illusions, quelque respectable qu'en soit le motif. D'ailleurs, pour se ranger à son opinion, il faudrait faire abstraction des faits graves résultant des dépositions, et véritablement, tant qu'elles n'auront pas été déclarées fausses, ces dépositions subsisteront. Nous prions M. *Duruflé,* dans son zèle désintéressé, nous en convenons, pour M. le curé de Carville, d'achever sa justification en discutant chaque témoignage l'un après l'autre, et de nous prouver qu'aucun des faits ne constitue le délit *d'outrage à la pudeur.* Tant qu'il n'aura pas établi ce point, le seul en discussion, les plaignans, comme ses amis, ne peuvent voir, dans son écrit que l'expression d'une belle âme, mais d'un homme abusé. *C'est une fâcheuse et incontestable vérité*, dit-il, « que le « peu d'effet produit sur l'opinion publique par le jugement de « police correctionnelle, et par l'arrêt de la Cour royale de Rouen, « qui ont successivement renvoyé de la plainte M. le curé de « Carville. »

Il en donne des raisons plus ou moins éloignées qui ne lui feront pas d'amis parmi le clergé et ses partisans; et c'est ce qui prouve que M. *Duruflé* n'a point abandonné ses principes libéraux, qu'il n'a pas déserté la cause de la liberté; mais il y en a une raison plus directe, c'est que l'on croit à la vérité des faits produits à la charge de l'abbé *Lefebvre;* c'est que les jugement et arrêt dont il s'agit, bien loin d'en constater la fausseté, en admettent très explicitement l'exactitude, et n'absolvent le prévenu que par l'intention; c'est que les attouchemens avoués par tout le monde paraissent incompatibles avec le caractère d'un ecclésiastique.

M. *Duruflé,* qui dit lui-même qu'il ne faut jamais avoir orgueil-

que, dans leur opinion, ils ne constituent ni crime ni délit.

Tout le reste de leur arrêt, tous les raisonnemens, toutes les inductions sont des hors d'œuvre.

Les faits sont-ils vrais? Ils faut les déclarer réels, et prononcer l'application de la loi. N'y a-t-il aucune loi applicable aux faits déclarés ou supposés constans? Il faut se borner à le dire; et alors la mission du juge est accomplie.

Quant à moi, je dis que les libertés que s'est permises le sieur abbé *Lefebvre* sont essentiellement déshonnêtes.

Je dis que ces actes offensent les *bonnes mœurs*.

Je dis qu'ils ont causé du *scandale* pour ceux sur lesquels les attouchemens ont eu lieu.

Je dis, et plusieurs témoins en déposent, que sans le respect qu'ils avaient pour le caractère d'un pasteur, ces attouchemens auraient été à l'instant réprimés.

Je dis enfin, toujours avec votre arrêt de 1813, que si le sieur abbé *Lefebvre* n'a pas agi méchamment, il s'est oublié lui-même;

Que dès lors il y a eu des outrages à la pudeur,

---

leusement raison, aurait donc dû s'abstenir de son excursion contre les calomniateurs, et de nous reprocher avec quelque amertume d'avoir épuisé tous les degrés de juridiction, et d'avoir remis en question, pour la troisième fois, ce qu'il appelle la vérité.

Il a écrit avec bonne foi, et dans le désir de s'éclairer et d'éclairer les autres; qu'il veuille bien, à son tour, relire, comparer et juger.

et qu'il y avait nécessité d'appliquer l'article 330 du Code pénal.

Dès qu'il y a eu scandale, il doit y avoir réparation, et les principes de l'Eglise sont à ce sujet aussi bien plus impératifs que ceux de nos lois pénales. Les lois punissaient de peines terribles et peut-être disproportionnées aux délits, des attentats semblables (*).

Je ne puis, Messieurs, prévoir qu'une objection, c'est qu'il n'y aurait pas eu *publicité ;* mais d'abord remarquez que les jugemens et arrêts se

---

(*) *Charlemagne,* dans un capitulaire de 802, art. 17 et ailleurs, tonne contre de pareils vices reprochés à des moines de son temps ; il les désigne fréquemment sous la qualification *luxuriæ sodomiticæ,* capit., liv. VII, pag. 154 et 803 ; *Sirmundus,* tome II, p. 242. Voici le texte de l'une de ces lois ; il est assez remarquable pour être transcrit :

« Pervenit ad aures nostras opinio perniciosissima in fornicatione et abominatione et immunditià multos jam in monasteriis esse deprehensos, maxime contristat et conturbat, quod sine horrore magnâ dici non potest, in tantum ut aliquis ex monachis sodomitas esse auditum.

« Unde etiam rogamus et contestamur ut certissimè ampliùs ex his diebus ruinis custodias ex his malis conservare studeant, ut numquàm ampliùs tale quid ad nostras aures perveniat, et hoc omnibus notum sit, quia nullatenùs injusta mala in nullo loco ampliès in toto regno nostro consentire audeamus, quantò minùs inter eos quos castitatis et sanctimoniæ emendatioris esse cupimus. Certè ampliùs si quid tale ad aures nostras pervenerit, non solum in eos, sed etiam et in cæteros qui talia consentiant, talem ultionem faciemus, ut nullùs christianus qui hoc audierit, nullatenùs tale quid perpetrare ampliùs præsumpserit. »

Ce n'était pourtant qu'un soupçon ; mais Charlemagne se regardait, à juste titre, comme le père de ses sujets.

taisent à cet égard. Ainsi la loi n'est point satisfaite.

Ensuite, daignez prendre garde à la manière dont est rédigé l'art. 330 du Code. Il dit : *Toute personne qui aura commis un outrage public à la pudeur.* Cela ne veut pas dire que l'outrage devra avoir été fait dans la place publique, mais qu'il y aura eu publicité dans l'outrage, c'est-à-dire qu'il y aura eu des témoins.

M. le curé de Carville a un caractère public; c'est en cette qualité qu'il recevait les jeunes gens, au nombre desquels se trouvaient *Gilles*, *Peubret* et *Poirot;* ils étaient au nombre de quinze ou seize : le scandale a donc été public.

Le témoin *Blondel* a déposé d'attouchemens qui sont d'évidens outrages à la pudeur, et qui ont eu lieu dans la sacristie, c'est-à-dire dans cette partie du lieu saint qui est toujours ouverte au public (*).

Il en est de même du témoin *Marneville*.

Le témoin *Renard* a déposé devant la Cour d'attouchemens le long d'un bois.

Vous avez décidé, Messieurs, que des actes semblables ou analogues, faits dans l'obscurité de la nuit constituaient un outrage public; qu'il suffisait que l'on pût en être *fortuitement* le témoin.

Comment pourrait-on soutenir devant vous que les faits dont il s'agit ne constituent pas au moins un outrage à la pudeur, lorsque nous voyons le ministère

---

(*) C'est ce que prouve le P. *Sanchez*, dans son *Traité de Matrimonio*, liv. IX, chap. XV, n° 31.

public requérir et deux tribunaux ordonner que les débats auront lieu à huis clos; lorsqu'on a supprimé le Mémoire imprimé, qui ne contenait que la fidèle analyse des débats !

Ou l'on m'accordera que les citations n'étaient pas par elles-mêmes de nature à blesser par leur lecture publique l'ordre et les mœurs, et alors il faudra nécessairement accueillir notre premier moyen de cassation, tiré du défaut de publicité ; ou bien cette lecture seule paraîtra de nature à blesser l'ordre et les mœurs, et alors il y aura l'aveu public, que les faits reprochés au sieur abbé *Lefebvre* constituent au moins l'outrage à la pudeur.

Où en serions-nous, Messieurs? que deviendraient les mœurs publiques, si des faits ainsi caractérisés échappaient à toute répression, si des actes si contraires à la décence, dans un personnage revêtu d'un caractère si saint, ne donnaient lieu à l'application au moins de l'art. 330 du Code pénal ?

Depuis douze siècles et plus que la foi chrétienne s'est introduite parmi nous, en serions-nous réduits à invoquer la législation des païens, lorsque, selon le témoignage des Pères de l'Eglise, ce qui honore le plus la religion catholique, c'est d'avoir apporté plus de sévérité dans les mœurs, c'est d'avoir fait de la chasteté une vertu essentiellement chrétienne.

Vous avez, Messieurs, une décision importante pour la morale et les mœurs à rendre dans cette cause. Vous avez à confirmer ou à rétracter la doctrine de votre arrêt du 26 mars 1813.

TROISIEME MOYEN DE CASSATION,

DIVISÉ EN CINQ BRANCHES.

Fausse application des lois relatives à la calomnie, et violation des lois de 1819 sur la presse.

Dans le cas, Messieurs, où, par impossible, le sieur abbé *Lefebvre* échapperait à la correction par l'absence d'une disposition répressive, il semblerait qu'au moins nul reproche ne pouvait être adressé aux plaignans. Leur devoir, comme pères de famille, n'était-il pas de dénoncer ces faits? Y avait-il un autre moyen d'empêcher les occasions de scandale de renaître? ou fallait-il interdire à ces enfans l'accès de l'église?

Le concile national d'Auvergne, de l'an 535, punit les simples clercs qui ne dénoncent pas les actes d'impureté qu'ils voient commettre aux curés et aux diacres. Qui pardonnerait à un père le moindre défaut de vigilance à cet égard?

Ici, Messieurs, on les punirait de l'impuissance de la loi?

Les faits articulés par les plaignans ont-ils été prouvés? M. le rapporteur vous a dit qu'ils n'étaient admis qu'*hypothétiquement*. Je ne comprends pas le sens de cette expression. Quel est le devoir d'un tribunal appelé à prononcer sur des faits? n'est-ce pas de les déclarer vrais ou faux? peut-il, ce tribunal, les admettre hypothétiquement? Non, Messieurs; en ne les rejetant pas, il les admet très implicitement, il les admet nécessairement; autrement il serait absurde de statuer comme s'ils n'existaient pas. La justice n'est pas une vaine parade; on n'a pas fait entendre tant de témoins à charge et à décharge pour rien; la société ainsi que les parties ont droit d'attendre autre chose qu'une déclaration hypothétique.

Les faits ne peuvent pas être à moitié vrais ou à moitié faux: ils sont l'un ou l'autre. Dès que les tribunaux qui ont admis à la preuve des faits passent à la question de droit, c'est qu'ils admettent la vérité de ces faits; autrement il serait de leur devoir, dans l'intérêt du prévenu, de déclarer que ces faits sont faux.

Dans l'ordre des idées et de la loi, la question de fait se présente la première; la question de droit est toujours secondaire.

Si, dans la rédaction du jugement et de l'arrêt dénoncés, il en a été autrement, c'est une irrégularité de plus.

Au reste, raisonnons dans les deux hypothèses, et nous allons prouver qu'on n'a pas pu déclarer l'action des sieurs *Gilles* et *Peubret* calomnieuse.

En effet, si l'on considère que les faits ont été dénoncés à la justice, que la dénonciation seule, ainsi que M. l'avocat général vous l'a démontré dans l'affaire que vous venez de juger à cette même audience, suffit pour suspendre l'action en calomnie, il est évident que, même en admettant que ces faits ne soient qu'hypothétiques, on ne peut y appliquer la peine ni la qualification de la calomnie.

Cette qualification ne serait légitime qu'autant que les faits seraient démontrés faux et déclarés tels; or, ils ne l'ont pas été. La cour de Rouen a donc excédé ses pouvoirs en déclarant l'action calomnieuse.

La Cour de Rouen est bien plus reprochable encore, si l'on considère qu'elle s'est bornée à déclarer que les faits tels qu'ils sont articulés dans la plainte ne constituent aucun délit.

Si cela est, en quoi les sieurs *Gilles* et *Peubret* auraient-ils calomnié l'abbé *Lefebvre?* Ils l'auraient injurié peut-être, en donnant aux faits une qualification qu'aucune loi ne sanctionnerait; mais le mot calomnie est trop fort.

Qu'en l'absence d'une loi on ait rejeté leur action, à la bonne heure, si la justice a été satisfaite ; mais devait-on les punir d'avoir dénoncé des faits qui présentaient de la gravité, et dont les témoignages subséquens sont venus accroître le scandale ?

Si les sieurs *Gilles* et *Peubret*, au lieu d'adresser leur plainte à la justice, eussent imputé au sieur abbé *Lefebvre* les mêmes faits dans un écrit imprimé et publié, et qu'ils eussent ensuite prouvé la vérité des faits, pourrait-on les déclarer calomniateurs ou diffamateurs? Non, Messieurs, la loi a prononcé sur ce point.

« La preuve des faits imputés, dit l'alinéa 2 de

« l'article 20 de la loi du 26 mai 1819, met l'auteur « de l'imputation à l'abri de toute peine, sans pré- « judice des peines prononcées contre toute injure « qui ne serait pas nécessairement dépendante des « mêmes faits. »

On ne dira pas que cette disposition est abrogée par l'article 18 de la loi du 25 mars 1822; car, précisément dans l'affaire de M. le curé de Saint-Nicolas-du-Chardonnet contre l'abbé *Guyard*, vous avez jugé, au rapport de M. le conseiller Olivier, que l'action en diffamation était suspendue par la poursuite judiciaire; et en effet, depuis, le sieur abbé *Guyard* ayant été condamné par arrêt de la Cour de Paris, du 22 juin 1825, pour les attentats aux mœurs à lui imputés (*), M. le curé de Saint-Nicolas-du-

(*) « Attendu qu'il résulte de l'instruction et des débats, que « *Guyard*, étant entré maître d'étude chez le sieur *Barroux*, « maître de pension, à Saint-Denis, montra une grande prédi- « lection pour deux élèves; qu'un jour, il fut surpris les tenant « tous deux sur ses genoux, les embrassant et ayant la main dans « la culotte de l'un d'eux; qu'il fut également surpris, pendant la « nuit, par la dame *Barroux*, près du lit d'un enfant, lui don- « nant des baisers; elle le surprit également un soir enfermé dans « une pièce sans lumière, avec des enfans, les embrassant et « leur faisant des caresses honteuses. Le sieur *Barroux* renvoya « *Guyard*, qui entra de suite dans le pensionnat du sieur *Mazois*; « qu'il est établi que dans cette maison *Guyard* a été vu em- « brassant et faisant des caresses à des enfans; qu'il est établi « que *Guyard* a fait des attouchemens contraires au mœurs sur « le jeune *Cornillet*, élève de cette maison, et l'a excité à en faire « sur sa personne; que, renvoyé de la maison du sieur *Mazois*,

Chardonnet a été renvoyé de la poursuite en diffamation déjà commencée.

Ici nous sommes dans une position bien plus favorable. *Gilles* et *Peubret* n'ont pas commencé par publier les faits, sauf à les prouver ensuite ; ils n'ont

---

« *Guyard* est entré à l'église Saint-Nicolas-du-Chardonnet comme « directeur des enfans de chœur de cette paroisse, il a continué à « se livrer à des actes de caresses affectées envers plusieurs en- « fans étant sous sa direction. Que de tous ces faits, il résulte « que *Guyard* a excité, favorisé et facilité habituellement la cor- « ruption d'enfans au dessous de l'âge de vingt-un ans ; qu'il est « également établi que *Guyard* a fait l'aveu de ses fautes à l'abbé « *Chevigny*, et lui a manifesté l'intention d'aller les expier à la « grande Chartreuse de Grenoble ; que même l'abbé *Chevigny* « lui a retenu une place, et l'a conduit à la voiture où il est monté « pour aller à la Chartreuse; que *Guyard*, qui a déclaré qu'il n'a- « vait remarqué particulièrement aucun élève dans la maison de « *Mazois*, a prétendu, lors de la déclaration faite à l'audience « par le jeune *Cornillet*, que cette déclaration était la suite de « son amour-propre blessé, ne lui ayant pas donné une place qu'il « croyait avoir méritée.

« Déclare *Guyard* coupable du délit prévu par l'art. 334 du « Code pénal, ainsi conçu :

« Condamne *Guyard* à trois ans de prison, 300 francs d'amende, « et aux dépens liquidés à 119 fr. 15 c.

« En ce qui touche la plainte de *Guyard* contre *Renaud*, curé « de Saint-Nicolas, attendu que s'il résulte de l'instruction que « *Renaud* a parlé à quelques personnes des faits qui concernent « *Guyard*, il l'a fait en confidence et dans l'intérêt des personnes « auxquelles il s'adressait ; et que si dans l'instruction il a donné « quelques détails, il devait la vérité à la justice : qu'ainsi il n'est « pas établi qu'il ait diffamé *Guyard*.

« Renvoie *Renaud* de la plainte. »

rien publié, ils ont dénoncé les faits à la justice ; ces faits ont été prouvés ; nous soutenons qu'une loi pénale était applicable. La Cour de Rouen, en décidant le contraire, devait au moins appliquer l'article 20 de la loi du 26 mai 1819, c'est-à-dire s'abstenir de déclarer calomnieuse une action fondée sur des faits dont elle ne conteste pas la vérité.

Tout au plus cette Cour pouvait-elle examiner si, à l'exposé des faits, les plaignans avaient ajouté quelque expression injurieuse ; mais ceux-ci ont gardé une assez grande réserve ; s'ils ont dit que les faits constituaient des provocations à la débauche, qu'ils portaient plus ou moins atteinte aux mœurs, qu'ils tendaient à exciter la corruption dans l'âme des jeunes gens, ces qualifications n'étaient, comme dit la loi, qu'une dépendance nécessaire des faits articulés.

Supposé cependant que ces expressions ne fussent pas d'une exactitude rigoureuse, qu'ils se soient trompés dans la qualification, qu'au lieu d'une *atteinte aux mœurs*, il eût fallu dire *outrage à la pudeur*, les magistrats auraient pu sans doute supprimer les termes injurieux, mais non déclarer l'action elle-même *calomnieuse*.

La loi du 17 mai 1819 a substitué la diffamation à la calomnie, et, par son article 26, elle a formellement abrogé les articles 367 et suivans du Code pénal.

Quelle est la conséquence de ce changement dans la législation? C'est que la *calomnie* n'est plus une expression légale, que les tribunaux puissent employer dans leurs jugemens.

La Cour suprême a jugé, par arrêt du 29 janvier 1824, affaire de M. le comte de Forbin Janson, que quand l'injure ou la diffamation se trouve consignée dans les motifs de l'arrêt, elle ne peut donner lieu qu'à une prise à partie, mais qu'il y a ouverture à cassation si l'injure est dans le prononcé du jugement.

« Considérant, dit cet arrêt, que les motifs ne « constituent pas le jugement; que le jugement est « tout entier dans le dispositif; que ce n'est pas le « dispositif de l'arrêt que le comte de Forbin Janson « défère à la connaissance de la Cour; que ce sont « les motifs seuls qu'il attaque; que, si les motifs « étaient de nature à constituer un véritable délit, « la partie lésée aurait droit de se pourvoir, mais « contre le juge et non contre le jugement, mais « par les voies ordinaires et non par la voie de cas- « sation. »

Ici, Messieurs, l'injure n'est pas dans les motifs; elle est dans le dispositif du jugement de première instance et de l'arrêt d'appel : c'est donc un moyen infaillible de cassation. Rien ne peut justifier la Cour de Rouen d'avoir appliqué l'expression *calomnieuse* à l'action des sieurs *Gilles* et *Peubret*, puisque le mot est rayé du vocabulaire de nos lois pénales, puisqu'on ne connaît plus que la diffamation ou l'injure.

Dira-t-on, pour justifier cet arrêt, qu'ici le mot *calomnieuse* est employé comme synonyme de diffamatoire? Messieurs, en matière pénale, je ne connais pas de synonymes ni d'équivalens.

Est-ce donc d'ailleurs sans motifs que le législateur a fait disparaître le mot *calomnie* de nos lois? Vous le savez, Messieurs, c'était afin qu'on ne déclarât pas *calomnieuse* une imputation fondée sur des faits vrais.

Eh bien! ce que le législateur a voulu prohiber expressément pour l'avenir est précisément ce qu'a fait la Cour de Rouen; elle déclare calomnieuse une action fondée sur des faits admis comme vrais, et qui n'aurait d'autre tort que d'avoir attaché à ces faits une qualification différente de celle de la loi.

L'erreur de la Cour est d'autant plus grave que, même sous l'empire de l'art. 367 du Code pénal, il était passé en jurisprudence qu'une plainte en justice faite par un particulier dans son propre intérêt, renfermât-elle des imputations injurieuses, ne pouvait autoriser des poursuites contre le plaignant par la voie correctionnelle ni de police, malgré la publicité qu'elle aurait reçue aux débats; la personne qui l'aurait portée ne serait passible que d'une condamnation à des dommages-intérêts envers le prévenu.

C'est ce que nous lisons dans le savant commentaire qu'un magistrat de cette cour a publié récemment sur le Code pénal, n° XXIII, et cette opinion est fondée sur l'autorité de vos arrêts.

Dans l'espèce, M. l'abbé *Lefebvre* a refusé tous dommages-intérêts, sentant bien sans doute qu'il n'avait que trop donné lieu aux plaintes dirigées contre lui.

Les tribunaux saisis n'avaient donc rien de plus à faire.

Il est vrai, Messieurs, qu'il a été pris des conclusions à cet égard devant les premiers juges et devant la Cour royale, que même le sieur abbé *Lefebvre* s'est porté incidemment demandeur.

Mais, aux termes de l'art. 182 du Code d'instruction criminelle, il n'y a que deux moyens de saisir un tribunal de repression de la connaissance d'un délit, c'est un renvoi de la Chambre du conseil ou une citation directe à jour fixe, avec articulation de faits et indication de preuves; c'est un point de doctrine bien constant en cette matière qu'on ne peut se pourvoir incidemment demandeur : la Cour de Rouen a donc formellement violé l'art. 182 du Code d'instruction, en recevant comme elle l'a fait l'abbé *Lefebvre* incidemment demandeur, et en joignant la demande incidente au fond, en même temps qu'elle a faussement appliqué l'art. 373 du Code pénal.

C'est tout aussi illégalement que la Cour de Rouen a prononcé la suppression du Mémoire imprimé, publié par les sieurs *Gilles* et *Peubret* pour éclairer la religion des magistrats.

L'art. 23 de la loi du 17 mai 1819 porte : « Ne « donneront lieu à aucune action en diffamation ou « injures les discours prononcés ou les écrits pro- « duits devant les tribunaux; pourront néanmoins,

« les juges saisis de la cause, en statuant sur le fond, « prononcer la suppression des écrits *injurieux ou* « *diffamatoires*, et condamner qui il appartiendra « en des dommages-intérêts. »

Sans doute si le Mémoire imprimé avait été querellé d'inexactitude, on aurait pu le supprimer et même prononcer des peines, en vertu des art. 7 et 16 de la loi du 25 mars 1822, pour infidélité et mauvaise foi dans le compte rendu.

Sans doute encore, si l'imprimé contenait des choses *injurieuses ou diffamatoires*, on pouvait le supprimer, mais tel n'est pas le motif de la suppression ; lisez l'arrêt, et vous y verrez ces paroles :

« Considérant que, pour ne point blesser l'ordre « et les mœurs, le tribunal de première instance « avait ordonné le huis clos, et qu'en faisant imprimer, publier et distribuer l'instruction qui avait « été faite devant lui, on n'a pu avoir pour but que « d'augmenter et perpétuer le scandale.

« La Cour faisant droit, etc., ordonne la sup-« pression du Mémoire imprimé et distribué sur « l'appel commençant par ces mots : « Nos en-« fans, etc. (*) »

(*) M. *Duruflé* nous reproche aussi l'impression de notre Mémoire ; mais la publication de sa déposition est aussi une violation du secret des débats ; la déposition d'un témoin n'est pas sa propriété. Il nous reproche aussi de l'avoir altérée, quoique sans intention ; mais il ne signale aucune altération de notre fait. Si le greffier s'est trompé d'expressions, cela ne nous regarde pas.

Il ne s'agit pas ici d'examiner, si par cette publication on a voulu éclairer les magistrats ou faire du scandale; il s'agit de savoir, *en droit*, si on peut supprimer les Mémoires produits sur procès hors les cas expressément prévus par la loi.

Le législateur a pu avoir d'excellens motifs pour prohiber la publicité des débats, et cependant ne pas interdire le récit de l'affaire.

> Segniùs irritant animos demissa per aurem
> Quam quæ sunt oculis subjecta fidelibus........

Il est mille choses dont on peut entendre le récit, et dont on ne supporterait pas la vue; il est mille choses que l'on peut lire sans danger, et dont on ne serait pas spectateur impassible.

Nous en avons tous les jours l'expérience.

Par exemple, le jugement de première instance contient l'analyse de toutes les dépositions; eh bien! Messieurs, la pudeur seule m'a empêché de vous les lire, encore que le besoin de ma cause semblât en rendre la lecture et même la discussion nécessaires; et cependant personne n'éprouvera de répugnance

---

Au reste, M. *Duruflé* est-il bien sûr de s'être exprimé comme il le dit? C'est un homme lettré, et qui parle avec facilité, mais assurément il n'a pas récité sa déposition avec le choix d'expressions et l'élégance que l'on remarque dans sa brochure.

Evidemment la publication de cette déposition n'est qu'une occasion de prendre cause pour l'abbé *Lefebvre*, et de faire un appel à l'opinion publique. Loin de le trouver mauvais, c'est ce même public que nous acceptons pour juge.

à les lire en particulier. Cette lecture pourra causer quelque dégoût; mais assurément elle ne fera pas naître de coupables pensées.

Tout le monde peut imprimer ce jugement, c'est un acte de l'autorité publique, et dans le procès de M. de Beranger, il a été jugé que l'on n'était pas reprochable de réimprimer les actes judiciaires.

Eh bien! les sieurs *Gilles* et *Peubret* n'ont fait qu'imprimer le jugement de première instance; s'ils y ont ajouté des notes, personne n'en a relevé l'inexactitude; cette publication était donc irréprochable.

Dans tous les cas, et si violer le secret de l'audience était un délit, ou un fait suffisant pour que la Cour de Rouen dût à cet égard faire acte de juridiction, ce n'est point en vertu de la disposition de l'art. 23 de la loi du 17 mai 1819, qu'il fallait agir; mais en vertu de celle relative aux écrivains qui violent le secret des Chambres.

« Les éditeurs de tout journal ou écrit périodique « ne pourront rendre compte des séances secrètes « des Chambres ou de l'une d'elles, sans leur auto-« risation, » dit l'art. 7 de la loi du 9 juin 1819, et l'art. 12 punit cette contravention correctionnellement d'une amende de 100 à 1000 fr. Il ne parle pas de la suppression du compte rendu.

S'il a fallu une disposition spéciale, pour mettre ce fait au rang des délits de la presse, il est évident que la Cour de Rouen, en supprimant le Mémoire par le seul motif qu'on avait violé le secret de l'audience, a créé une nouvelle loi pénale.

La peine de la suppression, prononcée par la Cour de Rouen, est donc une peine arbitraire, puisqu'elle n'est prononcée par aucune loi.

Tout est illégal, Messieurs, dans les procédés de la Cour de Rouen à l'égard des plaignans.

Au mépris de l'alinéa 2, art. 20, loi du 26 mai 1819, qui affranchit de toute peine celui qui a prouvé ou qui est admis à prouver la vérité des faits qu'il impute, on condamne les sieurs *Gilles* et *Peubret* comme calomniateurs.

Au mépris de l'art. 26 de la loi du 17 mai, qui raye la calomnie de nos lois pénales, on déclare *calomnieuse* une action fondée sur des faits dont on ne conteste pas la vérité.

Au mépris de l'art. 182 du Code d'instruction criminelle, qui déclare que le tribunal correctionnel ne peut être saisi que par le renvoi de la Chambre du conseil ou par une citation directe, on reçoit l'abbé *Lefebvre* incidemment demandeur, et on statue sur sa demande incidente.

Enfin, au mépris de l'art. 23 de la loi du 17 mai, qui déclare que les écrits produits en justice ne peuvent donner lieu à aucune action, on prononce la suppression d'un Mémoire, uniquement parce qu'il a violé le secret d'une audience, alors qu'on ne reproche à cet écrit ni infidélité dans le compte rendu, ni *injure* ou *diffamation* dans les additions faites au texte du jugement.

Ce n'est pas tout, Messieurs : on a flétri la démarche de deux pères de famille qui ont voulu venger la pudeur de leurs enfans.

Tous les faits articulés sont prouvés ou, ce qui est la même chose, non déniés au procès; cependant la Cour de Rouen a consigné dans son arrêt cet insupportable considérant :

« Qu'il sort de l'instruction que *Gilles* et *Peubret* « ont été mus par d'autres motifs que l'intérêt de « leurs enfans, et le désir de venger la morale pu- « blique. »

Je le demande à tous les pères de famille qui m'entendent; si le bruit public eût porté à leurs oreilles le récit de ce qui s'était passé dans la demeure du curé de Darnetal, et le reproche adressé à ces jeunes gens de n'avoir pas repoussé, comme ils le devaient, les indécentes caresses de l'abbé *Lefebvre*, auraient-ils pu se rendre maîtres de leur émotion ?

N'auraient-ils pas craint d'autoriser par leur silence de nouvelles tentatives ?

Fallait-il donc attendre que la corruption fût arrivée jusqu'au cœur de ces enfans, corruption d'autant plus dangereuse, que le sieur abbé *Lefebvre* accompagne ses caresses de prières : corruption d'autant plus infaillible, que les occasions ne manquent pas, puisque lui-même a dit : « Je confesse à toute heure, « je confesse au confessionnal (*), je confesse dans

(*) Le jésuite *Sanchez*, en son fameux traité *de matrimonio*, a fait une singulière distinction. Il convient que les actes d'impureté

« la sacristie, je confesse en chambre : en confessant, « j'ai souvent pressé les hommes dans mes bras, les « femmes jamais, etc. »

Je m'arrête, Messieurs, non dans la crainte de blesser la dignité du sacerdoce ; un prêtre corrompu ou corrupteur est aussi étranger à la religion (*) qu'un homme retranché de la société pour ses méfaits l'est au reste de l'humanité.

Je m'arrête, parce que la conscience publique parle ici plus haut que moi, et parce que l'acquittement *absolu* du prévenu et l'espèce de flétrissure imprimée aux plaignans, ont affligé les amis de la justice et des lois.

---

commis dans le lieu saint sont sacrilèges ; mais relativement au confessional, il prétend que l'endroit où la pénitente fait la confession dépend du lieu saint, et que le lieu où le prêtre entend cette confession n'est pas du lieu saint, quoiqu'une simple cloison les sépare.

« Quid dicendum de cellulis ad excipiendas mulierum confessiones deputatis intra ecclesiæ parietes ?

« Parte in quâ mulieres fatentur, tenui quodam pariete ex late-« ribus ducto, fenestrellaque cratibus objectis clausa, divisa ab « eâ parte in quâ est ipse confessarius.

« Si de eâ parte, in quâ mulieres sunt, manifestum est eam esse « ecclesiæ partem.... Si verò de eâ parte in quâ est confessarius « credo non claudi nomine ecclesiæ, etiamsi sit intrà ipsius parietis « concavum. »

O bienheureux Escobar !

(*) C'est la pensée de saint *Chrysostôme* : « Ne repoussez pas, « dit-il, le sacerdoce parce qu'on a fait mal, mais repoussez le « prêtre qui s'est servi du bien pour faire le mal. » (OEuvres complètes, in-f°, tome VI, homélie 4, p. 127, d.

On a dit que *Gilles* et *Peubret* n'agissaient pas d'eux-mêmes, parce qu'ils sont pauvres et hors d'état de subvenir aux frais du procès; mais, quand cela serait, quand de généreux citoyens leur auraient fourni les moyens de poursuivre leur action, y aurait-il donc là matière à reproche? Ne serait-ce pas une preuve, au contraire, que les habitudes de M. l'abbé *Lefebvre* ont paru dangereuses à tout le monde? Dix d'entre eux, l'adjoint en tête, composent le Conseil municipal de Darnetal, deux marguilliers, trente-sept propriétaires et manufacturiers, ont présenté une requête à M. le procureur général, pour qu'il instruisît d'office sur les faits, après avoir vainement demandé à l'autorité ecclésiastique supérieure le déplacement de cet ecclesiastique (*).

Ces honorables citoyens sont-ils tous dirigés par la haine ou par la passion contre le curé de Carville? Non, Messieurs; il sont pères de famille, et voilà tout; ils craignent pour leurs enfans; ils redoutent le scandale de ses caresses réitérées.

Le scandale, s'il y en a, n'est pas dans la plainte; il est dans les nombreux outrages à la pudeur qui résultent de l'instruction et des débats, à la charge du sieur abbé *Lefebvre*.

(*) Le concile national d'Orléans, de l'an 533, art. 9, défend aux ecclésiastiques d'habiter avec les laïcs, sous peine d'être suspendus de leurs fonctions.

« Nullus præsbyterorum, sine permissione episcopi sui, cum « secularibus habitare præsumat : quod si fecerit, ab officii com- « munione pellatur. »

S'il est aussi digne des fonctions du sacerdoce qu'on le prétend, il se joindra à nous pour demander à la justice un arrêt qui déclare non que les faits lui imputés ne constituent pas le délit qui lui était reproché, mais qu'ils sont entièrement faux.

ARRÊT.

6 Août 1825.

Ouï M. le conseiller *Ollivier* en son rapport; les observa« tions d'*Isambert*, avocat des demandeurs (*); et M. *Lapla*« *gne-Barris*, avocat-général, en ses conclusions;

« Attendu, sur le premier moyen, que l'art. 64 de la Charte « statue que les débats seront publics en matière criminelle, à « moins que la publicité ne soit dangereuse pour l'ordre et « les mœurs, et dans ce cas le tribunal le déclare par un ju« gement;

« Que ces mots, *en matière criminelle*, doivent s'entendre « des matières correctionnelles et de simple police, qui sont, « comme les autres matières criminelles, régies par les disposi« tions, soit du Code d'instruction criminelle, soit par les « dispositions du Code pénal, et auxquelles les grands et puis« sans motifs qui ont porté le législateur à suspendre en certains « cas les plus importantes garanties de la sûreté des citoyens, « dans l'intérêt général, sont communs;

« Que la seule condition apposée par la Charte est un juge« ment préalable qui constate la nécessité du huis clos; qu'il « appartient aux juges qui doivent le rendre, de déclarer en

(*) L'arrêt ne tient aucun compte de la présence ni du plaidoyer du défenseur du sieur abbé *Lefebvre*, parce qu'il n'avait pas signifié ses moyens avant l'audience, et qu'ainsi son intervention orale était irrégulière.

« ce cas ce que l'utilité de la société requiert, de déterminer à « quelle époque de l'instruction et des débats doit cesser la pu- « blicité, et qu'elle doit cesser dès que la nécessité de recourir « au moyen extraordinaire prévu par la loi se manifeste (*); « que, d'ailleurs, tout ce qui touche à l'audition des témoins « se rattache nécessairement (**) aux débats; que, dès lors, « si, dans l'espèce postérieurement au jugement, qui a dé- « claré le huis clos, et avant l'*ouverture des débats* (***), la Cour « royale de Rouen a entendu les défenseurs des parties relati- « vement à la production de divers témoins, et statué sur leurs « dires respectifs; elle a pu le faire sans violer, soit l'art. 190 du « Code d'instruction criminelle, soit l'art. 64 de la Charte ;

« Attendu, sur le deuxième moyen, que les outrages à la « pudeur ne tombent sous l'empire de la loi pénale, qu'autant « qu'ils ont été commis publiquement; que les juges appré- « ciateurs du fait sont nécessairement appréciateurs suprê- « mes, en ce cas, des circonstances de publicité qui consti- « tuent le délit (****); que leur déclaration sur ce point est « inattaquable, à moins qu'elle ne se détruise d'elle-même « en admettant des conséquences évidemment opposées aux « faits qu'elle avait déclarés constans ;

« Mais que, dans l'espèce, si la Cour de Rouen a déclaré que « les faits imputés à l'abbé *Lefebvre* ne constitueraient ni

---

(*) Le résumé du président pourrait-il donc avoir lieu à huis clos? La Cour a constamment jugé le contraire, et cassé, dans ce cas, pour violation de l'art. 64 de la Charte, qui est limité aux débats.

(**) Le raisonnement paraît un peu forcé : la prestation du serment des jurés pourrait aussi, par extension, avoir lieu à huis clos ; ce qui serait contre le texte et contre l'esprit de la Charte, qui n'a voulu fermer que cette partie de l'audience où les faits vont être débattus : le reste n'intéresse en rien l'ordre public ni les mœurs.

(***) Selon nous, il n'en faut pas davantage pour constituer la violation de l'art. 64 de la Charte.

(****) L'arrêt du 26 mars 1813 juge directement le contraire, puisqu'il a cassé, parce qu'on avait déclaré non public un outrage aux mœurs commis dans la rue.

« crime ni délit s'ils étaient constans, elle a déclaré en même « temps qu'ils étaient détruits par le résultat des débats et de « l'instruction (*), et que les premiers juges, en déclarant « la plainte calomnieuse, avaient fait une juste appréciation « desdits faits ;

« Attendu, sur la première branche du troisième moyen, « que si, aux termes de l'art. 20 de la loi du 26 mai 1819, la « preuve des faits imputés met l'auteur de l'imputation à l'a- « bri de toute peine, cette disposition n'est applicable qu'au « cas où les faits seront prouvés ; qu'ils ne sont réputés tels « que lorsqu'ils sont non seulement prouvés matériellement, « mais encore qu'il est vérifié que la qualification, plus ou « moins répréhensible, donnée à ces faits par celui qui les a « allégués, était juste et méritée (**); que dans l'espèce au- « cun de ces faits imputés n'a été déclaré constant, en ce « sens ni en aucun autre (***);

« Attendu, sur la deuxième branche, que si l'art. 367 du « Code pénal est abrogé, il ne s'ensuit pas que les juges ne « puissent se servir du mot de *calomnie*, employé d'ailleurs « dans l'art. 373 qui est conservé; qu'au reste si la Cour « royale a déclaré que les premiers juges ont reconnu ca- « lomnieuse la plainte des demandeurs, elle ne leur a d'ail- « leurs appliqué aucune disposition législative abrogée (****);

(*) Si la Cour de Rouen se fût exprimée ainsi, la conséquence qu'on tire de son arrêt serait exacte; mais la Cour de Rouen a dit que les faits étaient détruits, parce qu'ils étaient invraisemblables et contraires à l'opinion que des personnes respectables avaient conçue de l'abbé *Lefebvre*.

(**) L'art. 20 de la loi du 26 mai fait une distinction entre les faits et leur qualification; si ces faits sont vrais, il n'y a ni calomnie ni diffamation; mais la qualification peut être *injurieuse*. Le considérant de la Cour de cassation paraît contraire à cette distinction.

(***) Mais le devoir de la Cour de Rouen n'était-il pas de déclarer si ou non les faits étaient constans? Pouvait-elle statuer hypothétiquement?

(****) C'est précisément parce qu'elle n'appliquait pas l'article 373,

« Attendu, sur la troisième branche, que l'action incidente « de l'abbé *Lefebvre* n'était introduite qu'à titre d'exception ; « qu'elle était recevable, comme résultant du droit légitime « de la défense de soi-même ; qu'en l'admettant, l'arrêt atta- « qué n'a point violé l'art. 182 du Code d'instruction crimi- « nelle ;

« Attendu, sur la quatrième branche, qu'aux termes de « l'art. 23 de la loi du 17 mai 1819, les juges ne sont autorisés « à prononcer la suppression des Mémoires produits devant « eux que lorsqu'ils sont reconnus injurieux ou diffamatoires ; « que dans l'espèce la suppression a été prononcée sur le fon- « dement que le Mémoire supprimé reproduisait une plainte « reconnue calomnieuse, d'où il suit que l'arrêt qui l'a pro- « noncée, n'a point violé la disposition de la loi ;

« Attendu, sur la cinquième branche, que les juges sont « les appréciateurs naturels et suprêmes de la plainte comme « des faits allégués par les plaignans, et qu'en les caractéri- « sant selon leur conscience, ils ne sauraient excéder leurs « pouvoirs ;

« Attendu d'ailleurs la régularité de la procédure, la Cour « rejette le pourvoi de *Peubret* et *Gilles* envers l'arrêt de la « Cour de Rouen du 27 juin dernier..., condamne chacun des « défendeurs en cent cinquante francs d'amende envers le « trésor public. » (Il n'y a point eu de dépens accordés au curé défendeur.)

---

qu'elle ne pouvait puiser dans cet article ou dans aucun autre une qualification qui n'était plus légale. Autrement les tribunaux pourraient créer des peines.

PARIS, IMPRIMERIE ET FONDERIE DE J. PINARD,
RUE D'ANJOU-DAUPHINE, N° 8.

www.ingramcontent.com/pod-product-compliance
Lightning Source LLC
LaVergne TN
LVHW012007160826
845678LV00002B/707

* 9 7 8 2 3 2 9 6 7 7 3 2 3 *